AF187798

Liebe Schülerinnen und Schüler,

liebe Eltern,

in der Schule ist es sehr schwer? Zu Hause gibt es nur Ärger, weil das mit dem Schreiben und Lesen einfach nicht richtig klappen will? Ihr Kind hat eine bestätigte Legasthenie und Sie wissen trotzdem nicht, wie die Förderung weiterhin aussehen soll? Dieses Heft soll Ihrem Kind neue Anreize zum Vertiefen der deutschen Sprache geben und Lesen und Schreiben soll wieder Spaß machen.

Eine Legasthenie ist eine Lernstörung, die durch gezieltes Üben gemildert werden kann. Heilbar ist eine Legasthenie nicht. Allerdings hat Ihr Kind trotz dieser Lernbehinderung eine Chance einen normalen Beruf ausüben, der ihm gefällt. Lassen Sie sich von Rückschlägen nicht entmutigen. Es kann für Ihr Kind nur gut sein.

Stephanie Gottschalk,
Lerntherapeutin

Weil am Rhein, Februar 2018

Herstellung und Verlag:
BoD-Books on Demand, Norderstedt
ISBN: 978-3-7460-2492-9

Finde die zwölf versteckten Nomen (Substantive) im Buchstabenrätsel.

```
V  A  M  W  O  W  E  L  L  E  K
M  E  H  A  K  E  N  J  U  C  R
Y  L  T  U  T  F  T  K  N  P  I
D  C  A  B  O  D  E  N  F  E  N
I  W  E  P  B  W  G  E  I  Z  B
E  A  R  Z  E  I  T  U  N  G  B
N  W  N  O  R  L  Z  H  A  H  N
S  O  S  V  U  V  H  A  L  S  N
T  R  S  G  P  U  P  P  E  G  N
A  T  M  A  X  A  P  F  C  Q  K
G  P  M  O  F  J  P  F  A  Q  S
```

1	Puppe
2	Finale
3	Geiz
4	Zeitung
5	Wort
6	Oktober
7	Haken
8	Boden
9	Hals
10	Dienstag
11	Hahn
12	Welle

Wähle sieben Nomen aus dem Buchstabenrätsel aus und bilde sinnvolle Sätze. Die Sätze müssen mindestens fünf Wörter haben.

1 _____

_____

2 _____

_____

3 _____

_____

4 _____

_____

5 _____

_____

tz äu ck

ei

ie

eu

Bilde mindestens 15 sinnvolle Wörter aus den Regentropfen und der Wolke! Du musst nicht alle Buchstaben benutzen, aber verwende so viele wie möglich. Jedes Wort muss mindestens 3 Buchstaben haben!

_____

_____

_____

_____

_____

Finde die zwölf verschiedenen Adjektive!

C	T	L	C	J	G	I	E	R	I	G
S	D	A	B	H	D	E	A	R	L	J
W	B	U	Ö	O	X	D	Ü	N	N	T
U	H	T	S	K	I	A	S	W	Y	O
N	E	G	E	W	A	L	T	L	O	S
D	I	R	S	I	S	C	H	L	A	U
E	M	O	Y	F	A	L	S	C	H	V
R	I	B	F	R	A	S	C	H	Z	D
B	S	U	H	O	T	F	R	L	J	Z
A	C	S	P	H	N	Z	H	Y	J	I
R	H	T	N	G	B	Y	O	C	Q	L

1 froh
2 laut
3 schlau
4 falsch
5 gierig
6 böse
7 gewaltlos
8 rasch
9 robust
10 dünn
11 wunderbar
12 heimisch

Verbinde die Buchstaben und schreibe die richtigen Wörter auf.
Die Buchstaben kannst du nur nach recht oder links verbinden.

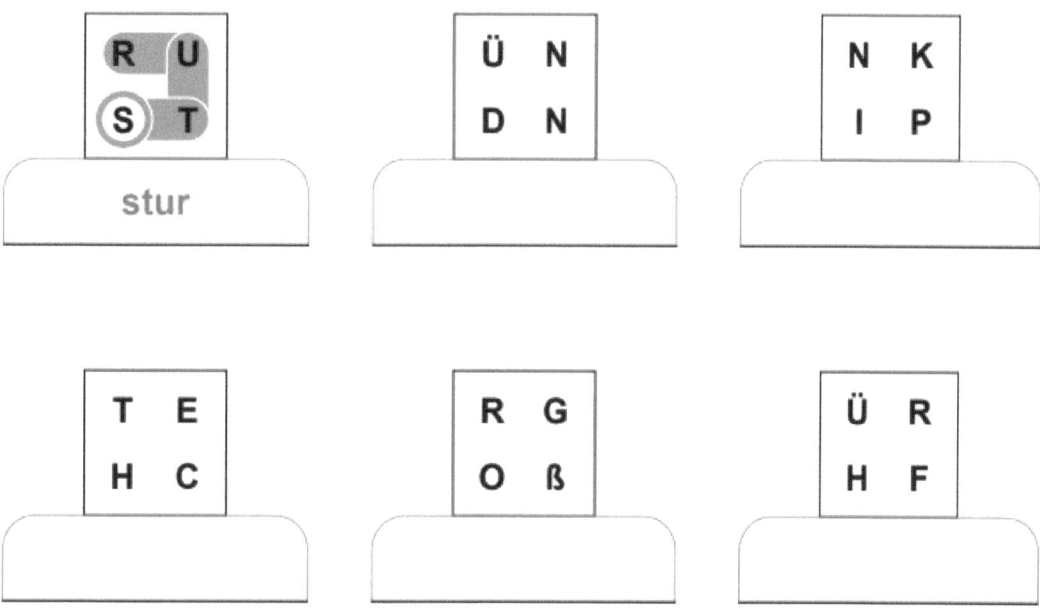

stur

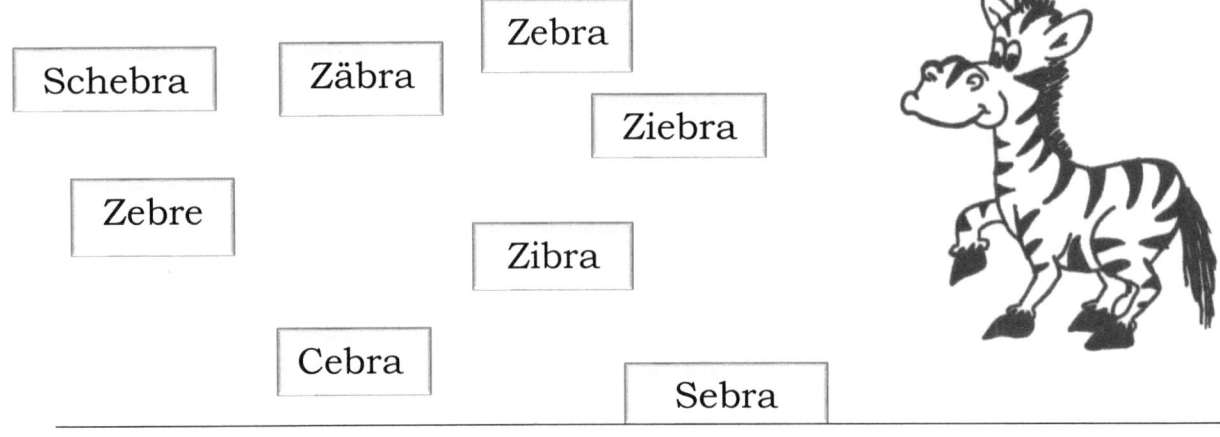

Schebra Zäbra Zebra Ziebra

Zebre Zibra

Cebra Sebra

_____

_____

Finde das richtig geschriebene Wort. Umrande es gelb. Schreibe einen sinnvollen Satz dazu auf.

Konjugiere das Verb "haben" in der Gegenwart (Präsens).

Singular   Plural

ich _____
du   _____   wir _____
er   _____   ihr _____
sie _____   sie _____
es   _____

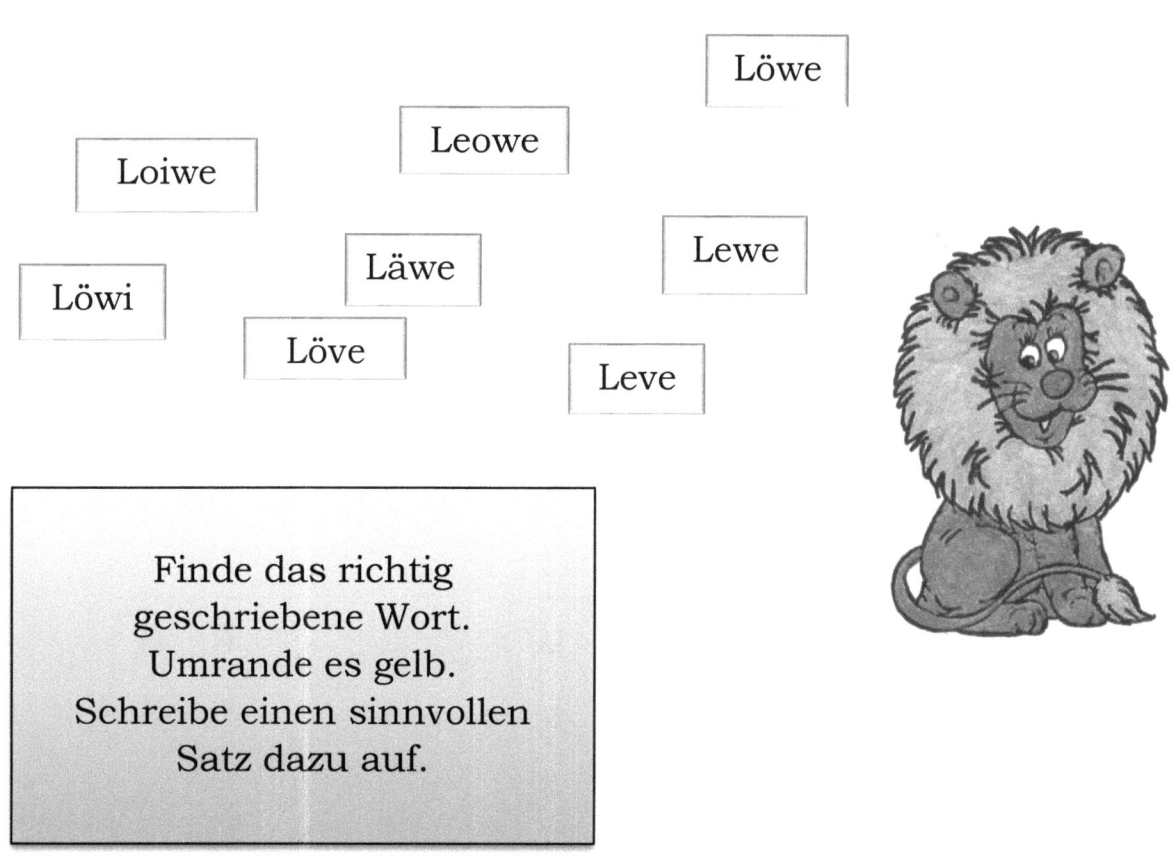

Löwe

Leowe

Loiwe

Löwi

Läwe

Lewe

Löve

Leve

Finde das richtig
geschriebene Wort.
Umrande es gelb.
Schreibe einen sinnvollen
Satz dazu auf.

_____

_____

Konjugiere das Verb "finden" in der Gegenwart (Präsens).

Singular   Plural

ich _____

du _____   wir _____

er _____   ihr _____

sie _____   sie _____

es _____

Verbinde die Buchstaben und schreibe die richtigen Wörter auf.
Die Buchstaben kannst du nur nach recht oder links verbinden.

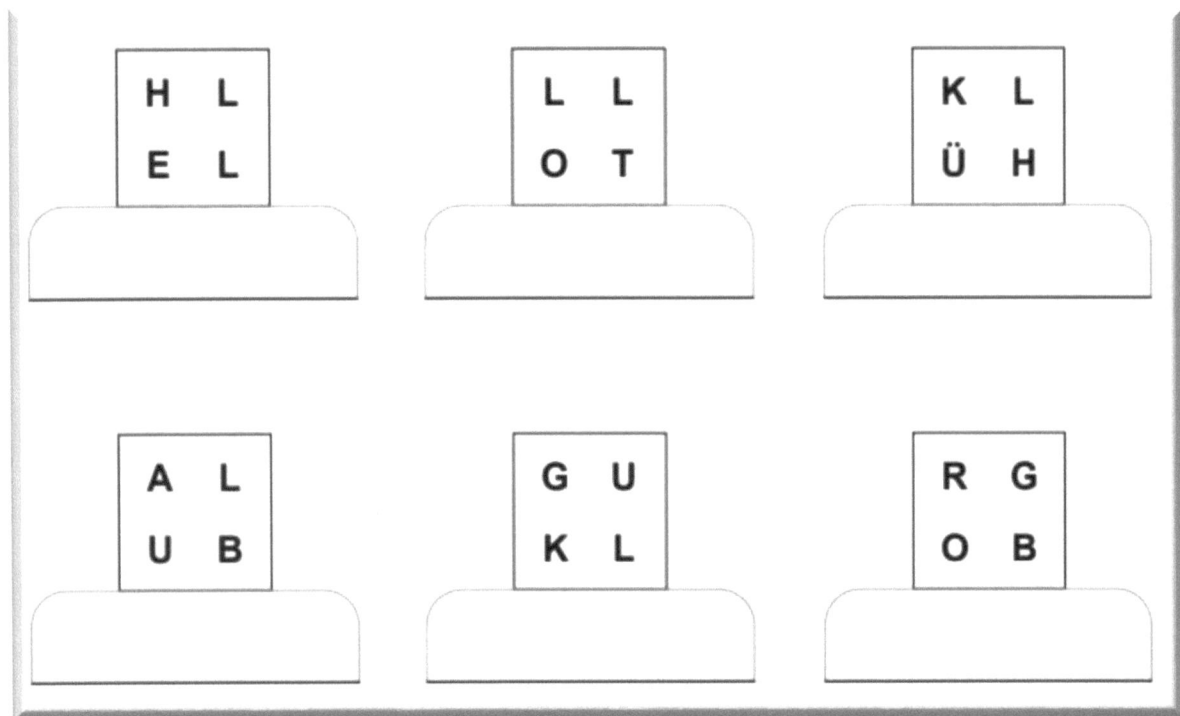

Finde die zwölf Nomen/ Substantive im Buchstabensalat.

1 Puppe
2 Abfall
3 Abend
4 Zelt
5 Freund
6 Fieber
7 Insekt
8 Raum
9 Finale
10 Regen
11 Ruhm
12 Seil

```
N  G  H  M  O  G  C  Q  Q  N  H
I  N  S  E  K  T  K  Y  D  R  T
U  B  E  B  U  K  P  I  G  W  Q
A  H  I  R  U  H  M  E  P  H  A
R  V  L  E  O  E  K  F  U  H  B
A  L  U  G  H  W  T  I  L  F  F
O  M  G  E  R  Q  N  E  A  R  A
A  F  I  N  A  L  E  B  B  E  L
A  D  I  P  U  P  P  E  E  U  L
H  Z  Z  I  M  H  D  R  N  N  X
O  V  T  C  Z  E  L  T  D  D  Z
```

Schneman

Shneeman

Schnowmann

Shneemann

Schniemann

Schnemann

Schneemann

Schneeman

Finde das richtig geschriebene Wort. Umrande es gelb. Schreibe einen sinnvollen Satz dazu auf.

_____

_____

_____

Konjugiere das Verb "stehen" in der Gegenwart (Präsens).

Singular		Plural	
ich	_____		
du	_____	wir	_____
er	_____	ihr	_____
sie	_____	sie	_____
es	_____		

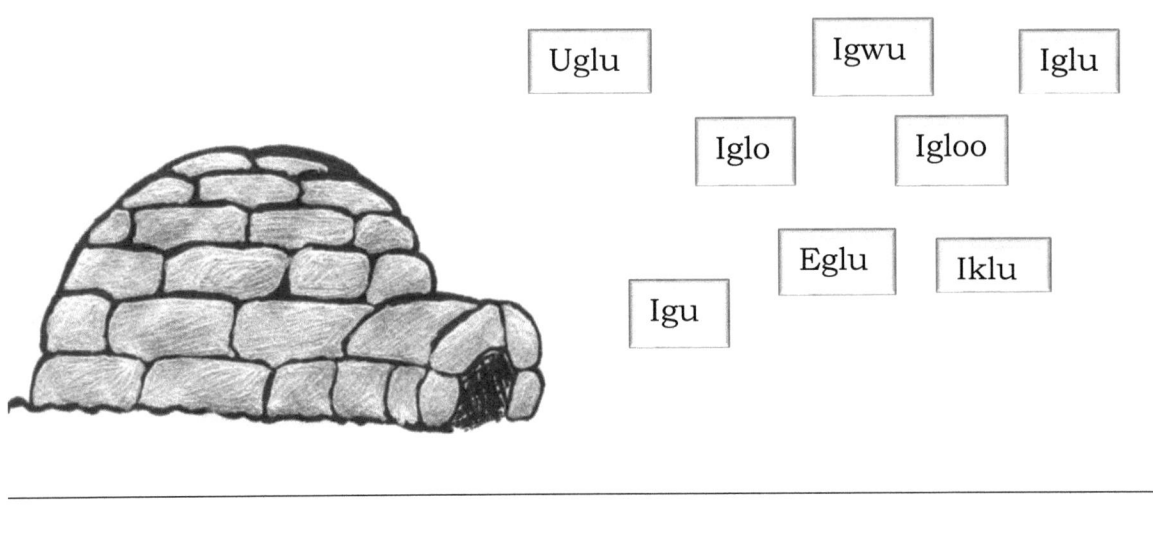

_____

_____

_____

Finde das richtig geschriebene Wort. Umrande es gelb.
Schreibe einen sinnvollen Satz dazu auf.

Konjugiere das Verb "suchen" in der Gegenwart
(Präsens).

Singular   Plural

ich _____

du _____   wir _____

er _____   ihr _____

sie _____   sie _____

es _____

Markiere die versteckten Verben (Tunwörter) im Buchstabensalat.

```
G  V  L  K  Q  T  V  V  C  D  J
H  X  I  A  P  O  S  E  T  E  E
K  B  A  G  W  D  I  R  K  S  E
K  L  T  N  K  A  T  G  J  C  N
A  B  S  T  Ü  R  Z  E  N  H  T
V  L  Z  P  G  C  E  S  Ü  L  K
T  B  R  Ü  T  E  N  S  T  U  O
B  L  I  C  K  E  N  E  Z  C  M
Q  K  K  L  E  B  E  N  E  K  M
S  C  H  R  E  I  B  E  N  E  E
K  R  I  E  C  H  E  N  Q  N  N
```

1 vergessen
2 kleben
3 blicken
4 entkommen
5 schlucken
6 abstürzen
7 sitzen
8 brüten
9 nützen
10 schreiben
11 kriechen

Bilde mit den Verben aus dem Buchstabensalat sinnvolle Sätze.

1 _____

2 _____

3 _____

4 _____

5 _____

6 _____

7 _____

8 _____

9 _____

10 _____

11 _____

Finde das richtig geschriebene Wort.
Umrande es gelb. Schreibe einen
sinnvollen Satz dazu auf.

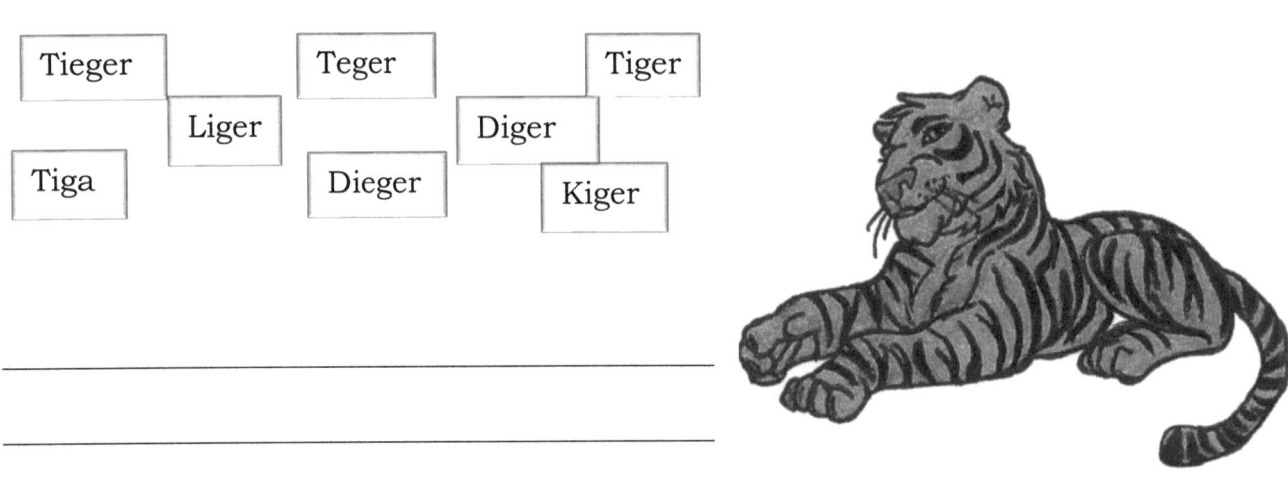

Tieger   Teger   Tiger

Liger   Diger

Tiga   Dieger   Kiger

_____

_____

_____

Konjugiere das Verb "machen" in der Gegenwart
(Präsens).

Singular   Plural

ich _____

du _____   wir _____

er _____   ihr _____

sie _____   sie _____

es _____

Färnseher

Fernsäher

Fernseher   Fehrnseher   Farnseher

_____

_____

Firnsäher

Finde das richtig geschriebene Wort. Umrande es gelb. Schreibe einen sinnvollen Satz dazu auf.

Fernsaeher

Fernsieher

Konjugiere das Verb "sehen" in der Gegenwart (Präsens).

Singular   Plural

ich _____

du _____   wir _____

er _____   ihr _____

sie _____   sie _____

es _____

Zaon

Zoun

Zain

Zaun

Caun

Zaum

Zaut

Caum

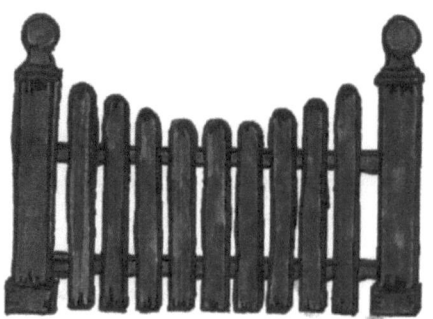

_____

_____

Finde das richtig geschriebene Wort. Umrande es gelb. Schreibe einen sinnvollen Satz dazu auf.

Konjugiere das Verb "winken" in der Gegenwart (Präsens).

	Singular		Plural
ich	_____		
du	_____	wir	_____
er	_____	ihr	_____
sie	_____	sie	_____
es	_____		

Nashorm

Nahshorn

Nashorn

Naschorn

Naeshorn

Nishorn

Nashohrn

Nashon

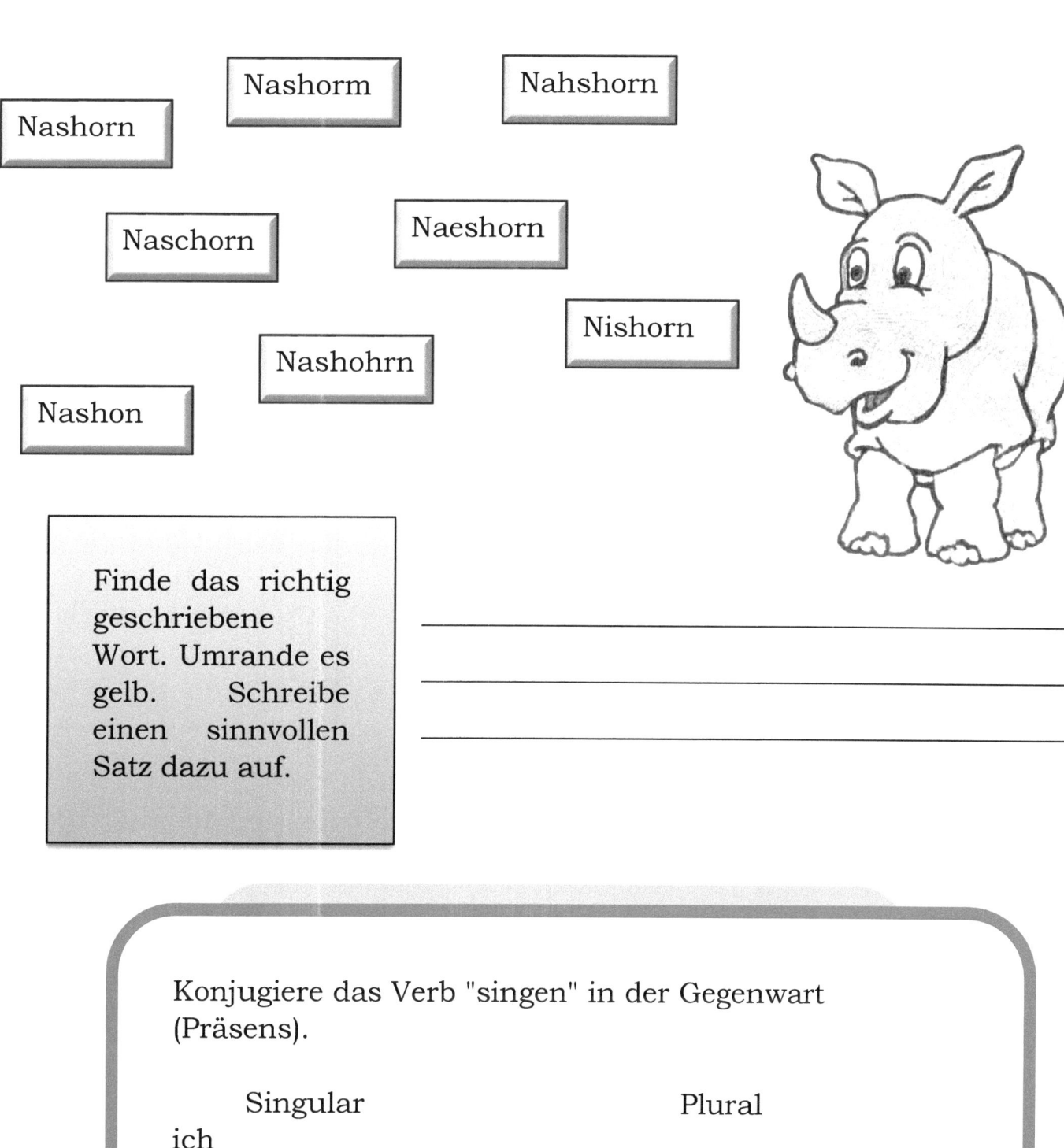

Finde das richtig geschriebene Wort. Umrande es gelb. Schreibe einen sinnvollen Satz dazu auf.

_____

_____

_____

Konjugiere das Verb "singen" in der Gegenwart (Präsens).

Singular   Plural

ich _____

du _____   wir _____

er _____   ihr _____

sie _____   sie _____

es _____

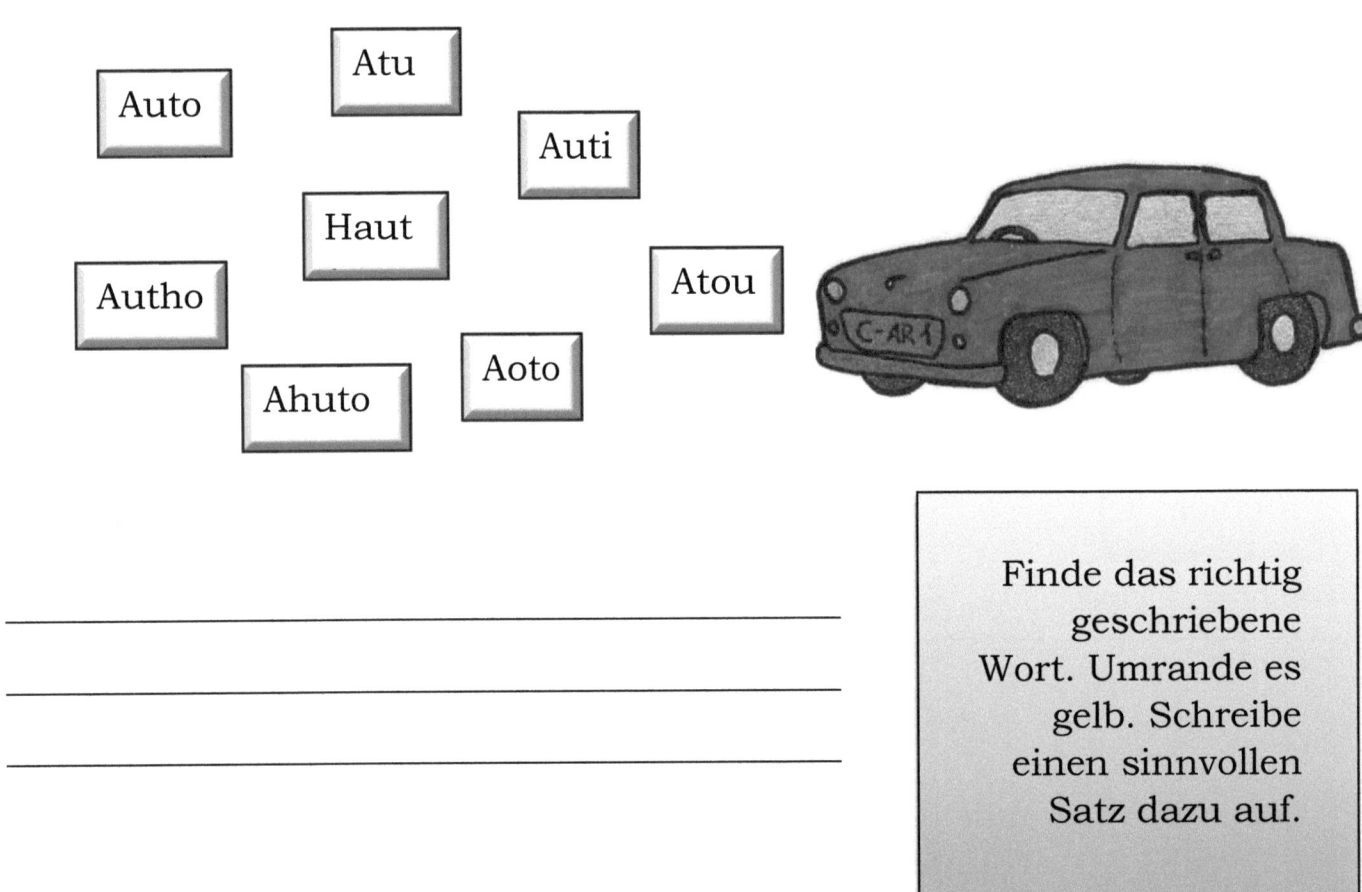

Auto Atu Auti Haut Autho Atou Ahuto Aoto

Finde das richtig geschriebene Wort. Umrande es gelb. Schreibe einen sinnvollen Satz dazu auf.

_____

_____

_____

Konjugiere das Verb "siegen" in der Gegenwart (Präsens).

Singular		Plural	
ich	_____		
du	_____	wir	_____
er	_____	ihr	_____
sie	_____	sie	_____
es	_____		

Wie schreibt man es richtig?

Hahse		Häse	Hose

Haase

Haise

Haese

Hase · Nase

Halse

Hasse

Bilde einen sinnvollen und nicht zu kurzen Satz.

_____

_____

Konjugiere das Verb "rennen" im Präsens und im Präteritum.

	Singular			Plural	
ich	_____ _____				
du	_____ _____		wir	_____ _____	
er	_____ _____		ihr	_____ _____	
sie	_____ _____		sie	_____ _____	
es	_____ _____				

Konjugiere das Verb "tanzen" im Präsens und im Präteritum.

	Singular			Plural	
ich	_____ _____				
du	_____ _____		wir	_____ _____	
er	_____ _____		ihr	_____ _____	
sie	_____ _____		sie	_____ _____	
es	_____ _____				

Wie schreibt man es richtig?

Igell

Igel

Egil

Iggel

Iigel

Iegel

Igäl

Igül

Iggell

Ihgil

Bilde einen sinnvollen und nicht zu kurzen Satz.

_____

_____

Konjugiere das Verb "werden" im Präsens und im Präteritum.

	Singular			Plural		
ich	_____ _____					
du	_____ _____		wir	_____ _____		
er	_____ _____		ihr	_____ _____		
sie	_____ _____		sie	_____ _____		
es	_____ _____					

Konjugiere das Verb "laufen" im Präsens und im Präteritum.

	Singular			Plural		
ich	_____ _____					
du	_____ _____		wir	_____ _____		
er	_____ _____		ihr	_____ _____		
sie	_____ _____		sie	_____ _____		
es	_____ _____					

Bilde aus den Silben Wörter, sodass keine Silbe übrig bleibt.

NA	EN	FE	BA	RI	NE

(2 Wörter)

SE	KE	GE	KUN	DAN	DE

(2 Wörter)

STA	ER	ZEI	DE	TUNG	CHEL

(3 Wörter)

DER	GE	BER	NO	LÄN	VEM

(2 Wörter)

PE	TUR	SE	SUP	NA	HO

(3 Wörter)

FE	TEM	AR	SEP	BRU	BER

(2 Wörter)

Die Katze

Katzen sind sehr beliebte, aber auch eigenwillige Haustiere. Manchmal sind sie unnahbar und kratzbürstig, dann wieder verschmust und verspielt. Hauskatzen gehören zur Familie der katzenartigen Tiere und sind Raubtiere. In der Familie der Katzen gibt es drei große Gruppen. Das sind die Kleinkatzen, zu denen unsere Hauskatze gehört, die Großkatzen wie Löwen und Tiger sowie die Geparden (das  schnellste Tier der Welt). Normalerweise weiß jeder, wie eine Katze aussieht. Die Vierbeiner besitzen einen runden Kopf mit zwei kleinen Ohren, lange Tasthaare an der Schnauze, einen langen Schwanz und ein weiches, dichtes Fell. Sie haben Krallen. Katzen können ihre Krallen einziehen. Wenn sie angreifen, können sie sie blitzschnell vorschnellen lassen und ihre Beute damit packen oder einen Menschen kratzen. Katzen haben das typische Raubtiergebiss eines Fleischfressers. Sie haben lange Eckzähne, mit denen sie ihre Beute festhalten und töten. Katzen sind nachtaktiv und können sich sehr geschickt bewegen, klettern, sehr gut hören und sehen - auch in der Dunkelheit. Es gibt heute viele verschiedene Katzen-Rassen. Sie werden in Langhaar-, Halblanghaar- und Kurzhaarrassen eingeteilt. Ihr Fell kann viele unterschiedliche Farben haben oder auch getigert sein. Auch die Farbe der Augen ist unterschiedlich. Oftmals sind sie grün, blau oder orange- und kupferfarben.

Die Männchen, die Kater genannt werden, sind meist etwas größer als die Weibchen und haben einen dickeren Kopf. Katzen werden im Durchschnitt drei bis sechs Kilogramm schwer. Unsere Hauskatzen stammen von der nordafrikanischen Falbkatze ab. Sie wurde schon im 6. Jahrtausend als Haustier gehalten. Schon bei den Ägyptern war sie als Gefährte des Menschen beliebt und wurde sogar als Göttin verehrt. Heute finden wir Katzen als Begleiter des Menschen auf der ganzen Welt. Katzen leben mit uns Menschen in Häusern und Wohnungen. Früher waren sie auf den Bauernhöfen als Mäusefänger unterwegs. Sie streunen gerne durch Gärten, Wiesen und Felder.

Nah verwandt mit unseren Hauskatzen ist die Europäische Wildkatze. Sie ist allerdings sehr selten geworden und sehr scheu. Heute gibt es viele verschiedene Katzenrassen. Zu den beliebtesten gehört die Rasse "Europäisch Kurzhaar". Das ist die gewöhnliche getigerte Hauskatze. Perserkatzen haben ein seidenweiches Fell, sind sehr ruhig, aber auch sehr eigenwillig. Siamkatzen sind sehr elegante Tiere. Sie sind schlank und haben ein kurzes, glattes, meist helles Fell mit dunklen Abzeichen an Kopf, Beinen, Rücken und Schwanz. Türkisch-Van-Katzen sind gute Schwimmer. Die Birma-Katzen wurden in ihrer Heimat Birma (heute: Myanmar) als Tempelkatzen verehrt. Weitere bekannte Rassen sind Abessinier, Britisch Kurzhaar und Maine Coon.

Katzen werden etwa 12 bis 14 Jahre alt, manche aber auch bis zu 20 Jahre. Katzen, die in der Wohnung leben, werden in den meisten Fällen älter, als Katzen, die Freigänger sind.

Finde die wichtigsten Informationen über die Katze heraus. Beschreibe in eigenen Worten, welche Informationen du erhältst!

Wie die Katze aussieht: _____

_____

_____

_____

_____

_____

Seit wann die Katze als Haustier gehalten wird: _____

_____

_____

_____

Mit welcher Katzenart die Hauskatze nah verwandt ist: _____

_____

Was für ein Gebiss die Katze hat: _____

_____

Wie alt eine Katze werden kann: _____

_____

_____

Was für Tiere Katzen sind: _____

_____

Wann die Katze aktiv ist: _____

_____

Welche Rasse die beliebteste ist: _____

_____

_____

Wie gut kennst du die Katze?

1) Wie viele Ballen hat die Katze an ihren Pfoten?
a) fünf
b) sieben
c) Katzen haben keine Pfoten
d) Katzen haben keine Ballen
e) drei

2) Wie alt kann eine Katze etwa werden?
a) 14 bis 17 Jahre
b) drei bis fünf Jahre
c) Katzen sind unsterblich
d) 60 bis 65 Jahre
e) über 100 Jahre

3) Was für ein Gebiss hat die Katze?
a) Sie hat kein Gebiss, weil sie einen Schnabel hat.
b) Sie hat ein Allesfressergebiss.
c) Sie hat ein Fleischfressergebiss.
d) Sie hat ein Pflanzenfressergebiss.
e) Sie hat das Gebiss einer Kuh.

4) Welche Katze ist das schnellste Tier der Welt?
a) Perserkatze
b) Leopard
c) Gepard
d) Löwe
e) Wildkatze

5) Von welcher Katze stammt die uns bekannte Hauskatze ab?
a) Falbkatze
b) Kalbkatze
c) Waldkatze
d) Siamkatze
e) Wüst

6) Wie wird die männliche Katze genannt?
a) Luchs
b) Keiler
c) Kater
d) Bulle
e) Eber

Das Wildschwein

Das Wildschwein lebt in unterholzreichen Laub- und Mischwäldern. Im Sommer lebt es aber auch auf offenen Feldfluren, solange das Getreide oder der Mais auf den Äckern steht. Allerdings braucht es Wasserstellen zum Trinken oder zum Suhlen. Das Wildschwein ist sehr anpassungsfähig, was dazu führt, dass es vermehrt in Vorgärten von Stadtgebieten auftaucht.

Die Größe und das Gewicht des Wildschweins hängen von seinem Lebensraum ab. In Mitteleuropa wird der Bestand durch Jagd recht gleichmäßig gehalten. Bachen haben eine Kopf-Rumpf-Länge von 130 bis 170 cm, Keiler erreichen eine Länge von 140 bis 180 cm. In Osteuropa, vornehmlich im Kaukasus, kann das Wildschwein eine Körperlänge von bis zu 200 cm und ein Gewicht bis zu 200 kg erreichen.

Das Wildschwein hat ein dickes Fell mit derben Borsten, das im Sommer braun-schwarz und im Winter vornehmlich schwarz ist. Deswegen hat das Wildschwein auch den Beinamen "Schwarzkittel". Die Jungtiere, die Frischlinge genannt werden, besitzen ein längsgestreiftes Fell. Das männliche Wildschwein, welches Keiler genannt wird, hat starke Eckzähne, die zu massiven Verletzungen bei Mensch und Tier führen können.

Ursprünglich war das Wildschwein in ganz Europa, Nordafrika sowie in weiten Teilen Asiens verbreitet. Seit der Einführung durch den Menschen kommt es heute auch in Nord-, Mittel- und Südamerika, Australien und Neuseeland vor. Es besiedelt Lebensräume von den gemäßigten Breiten, die in Mitteleuropa vorkommen bis hin in die Tropen, die in Äquatornähe vorkommen. Das Wildschwein ist ein sehr guter Schwimmer und konnte deshalb Inseln besiedeln, die dem Festland vorgelagert sind.

Das Wildschwein ist ein Allesfresser. Sein Nahrungsspektrum erstreckt sich von Gräsern, Kräutern, Knollen, Wurzeln, Früchte, Samen über Würmer, Insekten, Mäuse und deren Jungtiere, Mais bis hin zu Aas. Mit der Schnauze, die aussieht wie ein kurzer Rüssel, bricht es den Boden auf und pflügt ihn sozusagen um. Außerdem hat das Wildschwein einen hervorragenden Geruchssinn. Aus diesem Grund wird es gern zur Trüffel- oder auch Drogensuche eingesetzt. Dagegen ist sein Sehvermögen eher schwach ausgeprägt.

Natürliche Feinde des Wildschweins sind der Wolf, der Bär und Luchs. Allerdings fehlen diese Tiere in Deutschland weitgehend in den Lebensräumen. Dadurch kommt es dazu, dass das Wildschwein in die Großstädte eindringt und dort Gärten oder Müllplätze verwüstet. Viele Frischlinge sterben in den ersten Lebenswochen, da die Witterungsverhältnisse in Deutschland zu kalt sind und dadurch Krankheiten begünstigt werden. Viele Wildschweine werden auch Opfer des Straßenverkehres.

Finde die wichtigsten Informationen über das Wildschwein heraus.
Beschreibe in eigenen Worten, welche Informationen du erhältst!

_____

_____

_____

_____

_____

_____

_____

_____

_____

_____

_____

_____

_____

_____

_____

_____

_____

_____

_____

_____

_____

Der Luchs

Der Luchs ist die größte Katze, die in Europa lebt. Seine besonderen Kennzeichen sind die Ohrenpinsel und der Stummelschwanz mit einer schwarzen Schwanzspitze. Sein Fell ist im Sommer gelblichgrau bis rötlich. Im Winter wechselt das Fell des Luchses eher zu einem Grauton und bekommt sichtbare schwarzbraune Flecken. Das Gewicht dieser Großkatze liegt zwischen 18 und 40kg. Das Gewicht hängt von der Größe des jeweiligen Tieres ab. Es kann eine Länge zwischen 80 und 120cm bei einer Schulterhöhe zwischen 50 bis 75cm erreichen.

http://piqs.de/fotos/183820.html

Durch diese Größe ist der Pfotenabdruck des Luchses drei Mal so groß, wie der einer normalen Hauskatze.

Der Luchs lebt in größeren, zusammenhängenden Wäldern. Sein Revier umfasst etwa 3000 bis 5000 Hektar. Das bedeutet, dass der Luchs viel Platz braucht. Umgerechnet sind es zwischen 4500 und 6000 Fußballfelder, die der Luchs für sich beansprucht. Der Luchs ist Einzelgänger und hat feste Reviere.

Ursprünglich war der Luchs in weiten Teilen Europas, aber auch in Asien verbreitet. In Deutschland gibt es im Bayerischen Wald, Pfälzer Wald und im Harz wieder kleinere Vorkommen. Es ist bewiesen, dass in der Schweiz, Slowenien, Russland und Polen Luchse leben.

Der Luchs gehört zur Klasse der Säugetiere und zur Ordnung der Raubtiere. Außerdem gehört er zur Familie der katzenartigen Raubtiere wie auch die uns bekannte Hauskatze oder auch der Löwe.

Als ein Tier, das über sehr gute Augen verfügt, kann der Luchs seine Beute über eine weite Entfernung erkennen. Er verfügt über ein sehr gutes Gehör, das durch die Antennenwirkung der Pinselohren noch verstärkt wird. Der Luchs ist ein reiner Fleischfresser. Er ernährt sich hauptsächlich von Rehen, Rot- und Rehwildkälbern, Eichhörnchen, Hasen, Bibern, Mardern, Füchsen oder auch Waldhühnern. Wenn keine Nahrung zu finden ist, frisst der Luchs Aas. Er ist ein Anschleichjäger. Das bedeutet, dass er sich an seine Beute anschleicht und im Sprung erbeutet.

Die Lebenserwartung eines Luchses beträgt in Freiheit etwa 10 Jahre. Die Paarungszeit, die auch Ranzzeit genannt wird, liegt jedes Jahr im Februar oder März. Nach einer Tragezeit von etwa 72 Tagen gebärt das Luchsweibchen zwischen einem und vier Jungtieren.

Natürliche Feinde hat der Luchs nicht. Allerdings kann es vorkommen, dass ein Bär sich an den Jungen des Luchses vergreift, wenn er kein Futter findet. Oft werden Jungtiere des Luchses Opfer des Straßenverkehrs, da der Mensch immer mehr in seinen Lebensraum eindringt.

Wie ein Luchs aussieht: _____

_____

_____

_____

_____

_____

Wo der Luchs lebt: _____

_____

_____

_____

Was der Luchs frisst: _____

_____

_____

_____

Was für ein Jäger der Luchs ist: _____

_____

Wie viel Platz der Luchs braucht: _____

_____

_____

Gib die wichtigsten Merkmale und Eigenschaften des Luchses in deinen Worten
wieder.

Was weißt du über den Luchs?

1) Wie viele Pfoten hat der Luchs?
a) fünf
b) sieben
c) Katzen haben keine Pfoten
d) vier
e) sechs

2) Was frisst der Luchs?
a) Fleisch
b) nur Gemüse
c) Orangen und Tomaten
d) Baumrinde
e) Gras

3) Wie viel größer ist der Pfotenabdruck eines Luchs' gegenüber dem einer normalen Hauskatze?
a) genauso groß
b) sieben Mal so groß
c) drei Mal so groß
d) elf Mal so groß
e) halb so groß

http://piqs.de/fotos/183820.html

4) Wie wird die Paarungszeit noch genannt?
a) Elfenzeit
b) Ranzzeit
c) Luchse paaren sich nicht
d) Liebeszeit
e) Jahreszeit

5) Was ist das besondere Kennzeichen eines Luchses?
a) rot-grün gepunkteter Schwanz
b) gelbes Fell
c) rote Nase
d) leuchtend grüne Augen
e) Pinselohren

6) Wie schwer wird der Luchs?
a) 3 bis 7kg
b) 18 bis 40kg
c) 50 bis 120kg
d) 10 bis 15kg
e) 70 bis 80kg

Die Biene

Bienen sind interessante und sehr wichtige Tiere. Ohne die Bienen wäre das Leben für den Menschen auf der Erde innerhalb von vier Jahren nicht mehr möglich. Also musst du aufpassen, dass du keine Biene verletzt oder gar tötest. Wir Menschen sind auf diese kleinen Tiere angewiesen. Die Bienen bestäuben die Blüten von Pflanzen. Dadurch, kann an ihnen auch erst die Nahrung für den Menschen und die anderen Tiere reifen.

Die Biene ist ein kleines Insekt, das zwei Flügelpaare, sechs Beine und zwei Fühler am Kopf hat. Am Hinterteil hat die Biene einen Stachel. Den braucht sie, um sich vor Feinden zu schützen. Die Biene hat schwarze und gelbe Streifen. Diese Farben dienen dazu, dass Feinde abgeschreckt werden. Sie signalisieren dem Feind, dass die Biene ein ganz gefährliches Tier ist, auch wenn es so klein ist.

Im Frühling fliegt die Biene von Blume zu Blume oder von Baum zu Baum und sammelt Blütennektar. Aus den Blüten saugen die Bienen den süßen Saft und verarbeiten ihn in ihrem Körper zu süßem Honig. Die Biene hat in ihrem Bauch die sogenannte Honigblase. Dort vermischt sie den Saft mit körpereigenen Stoffen und würgt es im Bienenstock, dem Bienennest, wieder hervor. Das Honiggemisch kommt dann in Honigwaben, die aus Bienenwachs bestehen. In diesen Waben reift der Honig zu dem heran, was wir Menschen kennen. Bei der Reifung verliert das Gemisch Wasser und wird zu richtigem Honig, den es überall im Supermarkt zu kaufen gibt. Honig wird geerntet. Von einem Bienenvolk, kann ein Honigbauer, der Imker heißt, etwa sieben Kilo Honig pro Jahr ernten.

Es gibt insgesamt neun Bienenarten. In Europa ist nur die Westliche Honigbiene beheimatet. In der Geschichte nimmt die Biene eine sehr tragende Rolle ein. Sie soll seit etwa 100 Millionen Jahren existieren und seit etwa 12.000 Jahren nutzt der Mensch die Biene für sein Überleben. Auch heute sind die Bienen noch Wildtiere, die ohne den Menschen ohne Probleme überleben würden.

Das Oberhaupt des Bienenvolkes ist die Bienenkönigin. Sie ist viel größer als eine normale Arbeitsbiene und hat eine wichtige Funktion im Stamm der Bienen. Die Bienenkönigin lebt bis zu zwanzig Mal länger als eine normale Biene. Sie legt bis zu 2000 Eier am Tag, aus denen neue Bienen entstehen. Wie eine Bienenkönigin entsteht, ist relativ einfach zu erklären. Die Larven, also die Babys, der Bienen werden gefüttert und die Larve, die besondere Nahrung bekommt, wird zur Königin. Diese besondere Nahrung heißt Gelee Royal. Royal bedeutet übersetzt „königlich". Im Gelee Royal ist mehr Zucker drin, als in der Nahrung für die gewöhnlichen Bienen und dadurch wächst die Königinnenlarve mehr als die anderen Larven.

Beschreibe in eigenen Worten, wie eine Biene zur Königin wird.

_____

_____

_____

_____

_____

Erkläre in ganzen Sätzen, wie eine Arbeiterin Nektar von Blumen und Bäumen sammelt.

_____

_____

_____

_____

Stelle in ganzen Sätzen und eigenen Worten dar, wie aus süßem Blütensaft Honig wird. Fasse dich nicht zu kurz.

_____

_____

_____

_____

_____

_____

_____

_____

_____

_____

Bienenquiz

1) Wie viele Flügelpaare hat eine Biene?
a) 3
b) 8
c) 2
d) 4
e) eine Biene hat keine Flügel

2) Was für ein Tier ist eine Biene?
a) ein Säugetier
b) ein Insekt
c) ein Reptil
d) ein Vogel
e) eine Amphibie

3) Warum ist eine Biene schwarzgelb gestreift?
a) um sich vor Feinden zu schützen
b) weil sie es hübsch findet
c) weil sie damit schneller fliegen kann
d) um zu tanzen
e) sie ist nicht schwarzgelb gestreift

4) Wie heißt das Futter der Königinnenlarve?
a) Cheeseburger
b) Gelee Royal
c) Tofu
d) Wildschweinbraten
e) Pommes Frites

5) Seit wie vielen Jahren nutzt der Mensch die Fähigkeiten der Biene?

a) seit 10.000 Jahren
b) seit 150.000 Jahren
c) seit 12.000 Jahren
d) seit 25 Jahren
e) Der Mensch nutzt die Fähigkeiten der Biene nicht.

Die Eule

Eulen sind tolle Tiere. Sie leben im Wald und sind in der Dämmerung und der Nacht aktiv. Ihre großen Augen wirken so, als wenn uns die Eulen anstarren. Deswegen wirken diese Tiere manchmal wie Menschen.

Eulen werden auch Käuze genannt. Dabei gibt es Unterschiede, die von Wissenschaftlern festgelegt wurden. Als Eulen werden die Tiere bezeichnet, die Ohren haben und Käuze werden die Eulentiere ohne Ohren genannt. Die Ohren bestehen aus Federn. Allerdings trifft diese Einteilung nicht immer zu. Die Schneeeule und die Schleiereule haben keine Ohren, gehören aber ebenfalls zu den Eulen. Eulen werden zwischen 60 und 75cm groß und haben eine Spannweite von bis zu 170cm. Eulen haben ein braunes Gefieder, bei dem sich helle und dunkle Brauntöne abwechseln. Dieses Gefieder haben die Eulen, damit sie am Tag schlafen können und sich so vor Fressfeinden schützen. Das Gesicht ist ein unverwechselbares Merkmal einer Eule. Die Eule hat einen dicken Kopf, an dem die großen Augen nach vorne gerichtet sind. Außerdem hat sie einen Hakenschnabel und einen dicken Federschleier im Gesicht, der sie vor Kälte schützt.

Andere Vogelarten erkennen darin ihren Fressfeind und reagieren, wenn sie während des Tages Eulen in ihrem Versteck entdecken, mit aggressivem Verhalten. Dieses sogenannte „Hassen" von Vögeln auf Eulen macht sich der Mensch gelegentlich bis heute zunutze. Eulen wurden vor dem Versteck des Jägers aufgebaumt und die so angelockten Vögel abgeschossen oder mit Netzen eingefangen. So verwendete man beispielsweise den Steinkauz zum Fang von Drosseln und den Uhu für die Jagd auf Krähen und Greifvögel. Heute ist diese sogenannte Hüttenjagd mit lebenden Lockvögeln verboten.

Eulen und Käuze ernähren sich hauptsächlich von kleinen Säugetieren, wie zum Beispiel Mäuse, Kaninchen, jungen Katzen, Hamster. Außerdem fressen sie kleine Vögel, Fische oder auch Insekten oder Frösche. Hierbei kommt es immer darauf an wie groß die Eule ist. Je größer die Eule, desto größer die Beutetiere. Viele Eulenarten fressen auch Aas, was insbesondere den Uhu bei Untersuchungen seines Gewölles immer wieder auch als Schädling erscheinen ließ, da sich sogar Hirsch- und Rehbestandteile nachweisen lassen. Unverdauliche Nahrungsreste werden einige Stunden nach der Nahrungsaufnahme als rundliche, verfilzte Speiballen wieder herausgewürgt. Diese Gewölle der Eulen enthalten Haare, Federn, Knochen und Teile des Insektenhautpanzers aus Chitin. Die Gewölle der Greifvögel enthalten im Gegensatz zu den Eulengewöllen keine Knochen und lassen sich so unterscheiden. Bei der Aufzucht und Fütterung von Eulen durch Menschenhand ist es für die artgerechte Ernährung der Vögel wichtig, kein rohes schieres Fleisch zu füttern, sondern Futter mit Knochen und Fell oder Federn in Form von Mäusen oder Eintagsküken zu geben, da sonst die notwendige Bildung von Gewöllen nicht erfolgen kann.

Erstelle einen Steckbrief der Eule. Schreibe nur die wichtigen
Details heraus.

_____

_____

_____

_____

_____

_____

_____

_____

_____

_____

_____

_____

_____

_____

_____

_____

_____

_____

_____

_____

_____

_____

Was erfährst du im Text über die Eule?

Wie ein Eule aussieht: _____

_____

_____

_____

_____

_____

Wann die Eule aktiv ist: _____

_____

Was die Eule frisst: _____

_____

_____

Was der Unterschied zwischen Eulen und Käuzen ist: _____

_____

_____

_____

Warum die Eule einen dicken Federschleier im Gesicht hat: _____

_____

_____

_____

Was hast du über die Eule gelernt? Schreibe in eigenen Worten.

_____

_____

_____

_____

_____

_____

_____

_____

_____

_____

_____

_____

_____

_____

_____

_____

Der Waschbär

Der Waschbär ist ein Kleinbär mit einer markanten, schwarzen Maske im Gesicht, die auch Zorromaske genannt wird. Der wissenschaftliche Name lautet Procyon lotor. Der Waschbär hat langes Fell, welches überwiegend gelbgrau mit schwarz gemischt ist. Außerdem hat er einen schwarz geringelten Schwanz. Er ist etwa so groß wie ein Rotfuchs und hat eine Kopf-Rumpf-Länge von 40 bis

70cm und eine Schwanzlänge von 20 bis 30cm. Das Gewicht des Waschbären beläuft sich auf drei bis neun Kilogramm. Er hat einen speziellen Pfotenabdruck. Der Waschbär ist ein Sohlengänger und der Abdruck seiner Hinterpfoten hat Ähnlichkeit mit dem Fußabdruck eines Kleinkindes. Der Waschbär gehört zur Klasse der Säugetiere, zur Ordnung der Raubtiere, zur Überfamilie der hundeartigen Tiere und zur Familie der Kleinbären.

Der Waschbär lebt in Laubmischwäldern und hat es gern, wenn sich dort auch Gewässer befinden. Da sich der Waschbär an andere Kulturen anpassen kann, lebt er auch in Vorstädten oder Parks. Auch Mülldeponien oder Campingplätze sind bevorzugte Orte für die Nahrungssuche. Plätze zum Schlafen, Ausruhen und für die Aufzucht der Jungen sucht sich der Waschbär oft in verlassenen Dachs- oder Fuchsbauen, Felsklüfte, hohle Bäume, aber auch Schuppen und Speicher. Ursprünglich lebte der Waschbär im südlichen Kanada, den USA und Mittelamerika. Seit Beginn des 20. Jahrhunderts lebt der Waschbär auch in Europa und in Teilen Russlands. Die erste offizielle Ansiedlung des Bären fand 1934 in Hessen statt. Allerdings entwischten bereits 1929 einige Tiere aus einer Pelztierfarm in Rheinland-Pfalz.

Der Waschbär ist ein Allesfresser. Er ernährt sich hauptsächlich von Schnecken, Würmern, Fischen, Fröschen, Vögeln, Vogeleiern, Nüsse oder Obst. Bevor der Waschbär frisst, betastet er seine Nahrung intensiv mit den Vorderpfoten. Dadurch sieht es so aus, als würde er seine Nahrung waschen. Daher bekam er auch seinen Namen.

Das Seh- und Hörvermögen des Waschbären ist recht gut ausgeprägt, jedoch ist er farbenblind. Er ist ein guter Kletterer und Schwimmer. Der Waschbär ist ein Einzelgänger und dämmerungs- und nachtaktiv. Im Winter hält er Winterruhe.

In Mitteleuropa hat er kaum Feinde. Erwachsenen Tieren kann nur der Luchs gefährlich werden. Jungtieren könnte der Adler, der Uhu oder auch der Fuchs gefährlich werden.

Da er in Europa noch nicht so lange beheimatet ist, kann der Waschbär der heimischen Fauna gefährlich werden. Als Nesträuber, besonders von Bodenbrütern, kann er zu gefährlichen Bestandseinbußen bei Hühnern führen. Aus diesem Grund darf der Waschbär in ganz Deutschland das ganze Jahr über gejagt werden.

Finde die wichtigsten Informationen über den
Waschbären heraus. Beschreibe in eigenen Worten,
welche Informationen du erhältst!

_____

_____

_____

_____

_____

_____

_____

_____

_____

_____

_____

_____

_____

_____

_____

_____

_____

_____

_____

_____

_____

Der kleine Maulwurf Molti

"Heute ist ein schöner Tag", dachte sich Molti der kleine Maulwurf.

Er guckte aus seinem Maulwurfshügel heraus und erblickte ein

großes Salatfeld. Schnell lief er zurück in sein Nest, in dem seine

Frau Molta mit den Kindern war. "Molta", rief er überschwänglich. "Draußen

ist das Paradies." _____

_____

_____

_____

_____

_____

_____

_____

_____

_____

_____

_____

_____

_____

_____

Eine Möhre für Hoppel

Erschrocken sprang Hoppel aus dem Bett. Er hatte geträumt, dass
es keine Mohrrüben mehr gibt. Im Traum sagte ihm der fiese Dachs,
dass er alle Möhren für sich gehortet hat und dass Hoppel nie
wieder welche bekommen würde. Hoppel lief aufgeregt zur
Vorratskammer. Oje, die Vorratskammer war wirklich leer.
Aufgeregt lief er hinüber auf das Feld.

Das freche Eichhörnchen Kecki

Rumms... So knallte die Eichel vom Baum auf den Waldboden.

Schnell lief Kecki hinterher, um ihren Schatz in Sicherheit zu

bringen. _____

_____

_____

_____

_____

_____

_____

_____

_____

_____

_____

_____

_____

_____

_____

_____

_____

_____

Hartmut, das mürrische Nashorn

"So viel Arbeit", stöhnte Hartmut, als mit seinem Horn den Baum zur Seite schob. Hartmut ist schnell genervt. Er ist so ungeduldig. Seine Mutter hatte ihm schon immer gesagt, er soll sich Zeit lassen, wenn er eine Arbeit beginnt. Er hasste arbeiten. Am liebsten lag er doch in der Sonne. Jedoch musste er jeden Tag am Damm arbeiten.

_____

_____

_____

_____

_____

_____

_____

_____

_____

_____

_____

_____

_____

_____

_____

Robby, das freundliche Rentier

Hoch im Norden, am Polarkreis, lebt Robby. Er ist

ein kleines Rentier, das mit seiner Herde durch die

Polarwüste streift.

Eines Morgens wachte Robby auf und war ganz

allein. Seine Herde war ohne ihn weitergezogen.

Was sollte Robby nun tun?

_____

_____

_____

_____

_____

_____

_____

_____

_____

_____

_____

_____

_____

_____

Guido, die Grille

Verträumt lag Guido im Gras. "Das Leben als Grille ist
wunderbar", seufzte er leise. Sanfte Sonnenstrahlen fielen
auf sein Gesicht.

Plötzlich gab es im Wald einen lauten Knall.

_____

_____

_____

_____

_____

_____

_____

_____

_____

_____

_____

_____

_____

_____

_____

_____

Der Flamingo, der fast verrückt wurde

Seit vorgestern hatte er kein Wasser mehr gefunden. Doch jetzt war es da. Der junge Flamingo fiel vor Freude in Ohnmacht. Als er wieder zu sich kam, stand ein Artgenosse neben ihm und starrte ihn an. "Was ist denn mit dir passiert", fragte der fremde Flamingo. "Ich bin seit 2 Tagen gewandert und sehe nun endlich Wasser", antwortete der junge Flamingo. "Aber ich möchte dir die ganze Geschichte erzählen. Vorgestern schlich sich ein Löwe an unsere Familie heran und dann bin ich gelaufen und gelaufen."_____

_____

_____

_____

_____

_____

_____

_____

_____

_____

_____

Gustav macht Urlaub

"Das Leben ist so stressig", stöhnte Gustav die Klapperschlange. "Wenn ich Urlaub machen könnte, würde ich auch mehr für das Publikum klappern können." Gustav arbeitet als Touristenattraktion auf einem Basar in Ägypten.

"Warum machst du nicht einfach ein paar Tage Urlaub", fragte ihn Mimi, die kleine Maus. "Du hast recht Mimi", sagte Gustav überzeugt. "Ich nehme mir Urlaub. "Aber wo soll ich hinfahren in den Urlaub? Ans Meer oder in Berge?" Gustav überlegte hin und her. Kurze Zeit später hatte er sich entschieden und die Reise ging los... _____

_____

_____

_____

_____

_____

_____

_____

_____

_____

_____

_____